Contraste insuffisant

NF Z 43-120-14

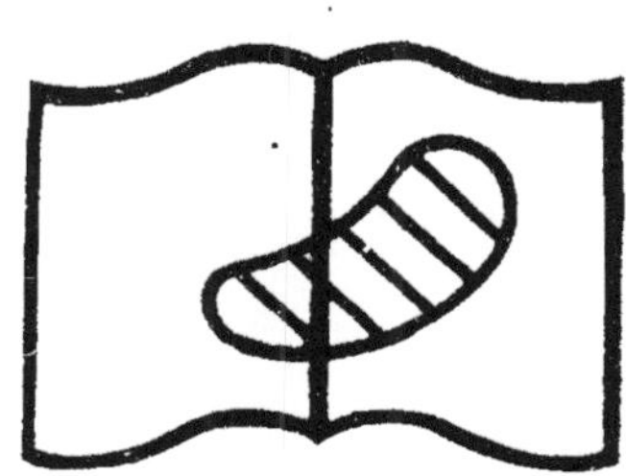

Illisibilité partielle

Couverture inférieure manquante

INVENTAIRE

DES

MANUSCRITS GRECS DE JEAN LASCARIS

PUBLIÉ PAR

PIERRE DE NOLHAC

MAÎTRE DE CONFÉRENCES À L'ÉCOLE PRATIQUE DES HAUTES-ÉTUDES.

Extrait des MÉLANGES D'ARCHÉOLOGIE ET D'HISTOIRE
publiés par l'École française de Rome, t. VI.

ROME
IMPRIMERIE DE LA PAIX, PHILIPPE CUGGIANI
Rue della Pace, 35.
1886

(4)

INVENTAIRE

DES

MANUSCRITS GRECS DE JEAN LASCARIS

PUBLIÉ PAR

PIERRE DE NOLHAC

MAÎTRE DE CONFÉRENCES À L'ÉCOLE PRATIQUE DES HAUTES-ÉTUDES.

Extrait des MÉLANGES D'ARCHÉOLOGIE ET D'HISTOIRE
publiés par l'École française de Rome, t. VI.

ROME
IMPRIMERIE DE LA PAIX, PHILIPPE CUGGIANI
Rue della Pace, 35.
1886

INVENTAIRE DES MANUSCRITS GRECS DE JEAN LASCARIS.

M. K. K. Müller a publié en 1884, d'après le *Vaticanus gr. 1412*, plusieurs listes de manuscrits, écrites par Jean Lascaris, et dont la plupart se rapportent aux acquisitions faites par le savant Grec pour la bibliothèque de Laurent de Médicis (1). Si l'érudit professeur de Vurzbourg avait poussé ses investigations dans les volumes suivants, il aurait recueilli beaucoup d'autres renseignements entièrement inédits relatifs à Lascaris. On trouvera la description complète de ces mss. dans mon travail sur la bibliothèque de Fulvio Orsini; je ne parlerai ici que des deux inventaires ci-dessous qui en sont tirés.

Le premier est de la main de Mathieu Devaris, le célèbre bibliothécaire du Cardinal Ridolfi. Il est presque entièrement rédigé en grec et occupe les ff. 99-105 du *Vat. gr. 1414*. Il a pour titre : *Lista de' libri che furon del signor Lascheri*. La rédaction est par

(1) *Neue Mittheilungen über Janos Laskaris und die Mediceische Bibliothek*, dans le *Centralbl. für Bibliothekswesen* de Leipzig, 1ère année, pp. 334-412. Les ff. 66-69 du ms. contiennent une liste de livres, presque tous manuscrits, qui se trouvaient entre les mains de Lascaris. M. Müller croit que c'est seulement une liste d'emprunts faits par le Grec à la bibliothèque Médicis ; j'y vois au contraire des volumes appartenant en propre à Lascaris. Le titre est des plus explicites : Πίναξ τῶν βιβλίων τοῦ Λασκάρεως, ἅπερ ἔχει παρ' ἑαυτοῦ; les mentions faites en marge d'amis de Lascaris sont un indice de plus. Les rapprochements de M. Müller, avec d'autres listes, ne m'ont pas convaincu; je crois qu'on en trouverait de plus concluants avec l'inventaire que je publie et qui se rapporte en toute certitude à des manuscrits possédés par Lascaris. Rapprochez par ex. le *n° 4* de notre liste et 67[a] 12 (Müller), *n°s 5* et 7 et 69[a] 5 (M.), *n° 80* et 66[a] 11 (M.), *n° 81* et 66[a] 13 (M.), *n° 60* et 68[a] 11 (M.), *n° 78* et 68[b] 1 (M.), et beaucoup d'autres.

conséquent postérieure à la mort de Lascaris. J'aurai occasion de montrer ailleurs que Devaris a recueilli les papiers de celui dont il avait été l'élève et à qui il avait servi de secrétaire. Après la mort de Lascaris, il a dressé, dans le volume que nous possédons, l'inventaire de ses mss., et il a même marqué à la fin les livres qui se trouvaient absents par suite de prêts (*Libri del S.r Lascheri che son fuora*); pour plusieurs des derniers volumes, on voit qu'il ne se rappelait pas exactement la place qu'ils occupaient dans la bibliothèque. Cette place est indiquée par des cotes de ce genre: *n.° 8 della* [*capsa*] *20*, *n.° 37 della 21*. Les livres de Lascaris paraissent avoir été divisés en 22 coffres, et dans le 19e on trouve des numéros fort élevés, tels que 109, 115. Il est difficile d'établir une moyenne et de savoir le nombre de volumes possédés par Lascaris; le nombre est certainement fort grand et les chiffres s'expliquent par le mélange des imprimés et des manuscrits.

Une petite partie de cette bibliothèque, 128 volumes seulement sont indiqués à notre inventaire ; mais ce sont tous des manuscrits, et je suis porté à croire qu'au moment de sa mort, Lascaris n'en possédait guère davantage. C'est déjà un chiffre considérable pour un simple particulier de fortune médiocre, et la bibliothèque du célèbre Grec n'a jamais été citée comme sortant de la moyenne ordinaire des collections de son temps (1).

Que sont devenus les mss. de Lascaris? Ils ont été dispersés; quelques volumes ont passé chez Fulvio Orsini ; un grand nombre est allé chez le Cardinal Ridolfi, qui avait entretenu avec leur propriétaire des relations d'amitié. Par une singulière fortune, c'est

(1) Je ne souscris pas à l'opinion de M. Müller qui suppose que Lascaris devait avoir une collection beaucoup plus considérable que celle de l'inventaire cité dans la note précédente. Celui-ci qui comprend une centaine de mss., représente à mes yeux un état ancien de la bibliothèque, qui a dû certainement, dans la vie voyageuse de Lascaris, subir bien des modifications.

Devaris qui a été bibliothécaire de Ridolfi et qui a rédigé, avec Nicolas Sophianos, le catalogue de cette importante collection (1). Les livres du Cardinal portent ainsi, à côté de leur cote nouvelle de numéro et de coffre, l'ancienne cote de Lascaris. Celle-ci est suivie du monogramme Λσ, indiquant la provenance du volume et mis apparemment par Devaris. On sait que la bibliothèque de Ridolfi se retrouve aujourd'hui à la Bibliothèque Nationale de Paris. Il m'a été facile de reconnaître plusieurs des volumes portés à notre inventaire; j'aurais pu donner l'indication des numéros actuels portés par beaucoup d'entre eux; mais ce soin revient de droit à mon ami, M. Henri Omont, qui insérera l'histoire et la description des livres de Ridolfi dans son travail d'ensemble sur le fonds grec de la Bibliothèque Nationale. Mon plus vif désir est que la présente publication lui soit utile.

Le second inventaire, tiré du *Vat. gr. 1413* (ff. 65-69), se rapporte à une bibliothèque que je n'ai pas pu identifier, mais qui est du moins postérieure à l'avénement de Clément VII, c'est à dire à 1523 (2). Il méritait d'être joint au premier, car il est de la main de Lascaris et se trouve au milieu de notes et de minutes autographes. La collection est divisée en cinq coffres, dont les quatre premiers sont marqués *A*, *B*, *C*, *D*; les mss. et les imprimés sont mêlés; mais la division existe entre les livres grecs et les livres latins, ceux-ci occupant seulement les deux derniers coffres (3). Dans le même manuscrit *1413* sont quelques

(1) Paris, Bibl. nat, *Fonds Gr.* 3074. Cf. L. Delisle, *Le Cabinet des manuscrits*, t. I, p. 210.

(2) Cf. le discours de l'évêque de Gurk à Clément VII, nº 99. — Le nº 82 porte cette mention: *reso a me*[*sser*] *Vespasiano da Spoleti.* Il faut relever également les noms de *Graechetto*, copiste (nº 59), *Doria*, *messer Stefano*, *messer Braccio.*

(3) J'ai respecté l'orthographe des inventaires, mais en résolvant les nombreuses abréviations et en ajoutant une série de chiffres pour chacun, qui permettront les renvois. Mon ami M. Desrousseaux, membre

feuillets qui peuvent être considérés comme un livre de prêt de Lascaris. Celui-ci indiquait l'ouvrage sorti avec le nom de l'emprunteur, qu'il rayait après restitution. C'est ainsi qu'on trouve un Jean Villani (*Zuan Villano*), prêté à Angelo Colocci, un Xénophon prêté au Cardinal Ridolfi, etc. La tenue de ce petit registre est contemporaine du séjour de Lascaris à Rome et des derniers temps de sa vie.

La biographie de Jean Lascaris a été écrite plusieurs fois. Le travail qui résume et complète tous les autres est celui de M. Emile Legrand dans son importante *Bibliographie hellénique* (1). Il reste encore cependant bien des points de détail à éclaircir dans la vie de cet homme qui a beaucoup fait, au XVe et au XVIe siècle, pour le développement des études grecques, et qui a joué un rôle intéressant dans la diplomatie du temps comme représentant de la France en Italie. Rien n'est à négliger de ce qui nous renseigne sur un personnage aussi important. Il a paru utile de joindre aux inventaires deux lettres inédites de Lascaris, l'une au poète florentin Giovanni Ruccellai alors nonce du pape près de François Ier, l'autre au futur connétable de Montmorency. Viennent ensuite des billets écrits au savant romain Angelo Colocci; enfin on trouvera peut-être avec plaisir une lettre grecque fort curieuse de notre Lazare de Baïf à son confrère en diplomatie et en hellénisme.

de l'École française de Rome, a bien voulu se charger de revoir les épreuves sur le manuscrit.

(1) Paris, 1885; t. I, pp. CXXXI-CLXII; t. II, pp. 322-336. Cf. *Polybiblion*, 1886, part. litt. t. XLVI, p. 161.

I.

Inventaire des Manuscrits de Jean Lascaris.

Lista de libri che furon del Sr Lascheri.

1) πρακτικὰ τῆς ἁγίας ὀγδόης συνόδου . . . n.° 8 della 20
2) Πτολεμαίου τετράβιβλος . . . . n.° 37 „ 21
3) Δημοσθένης. (1) παλαιός. . . . . n.° 34 „ 20
4) περὶ μέτρων Ἡφαιστίωνος καὶ Τζέτζου . . n.° X „ 6
5) Ῥοῦφος . . . . n.° 29 „ 5
6) ἱππιατρικὸν ἐκ διαφόρων. . . . . n.° 19 „ 5
7) Ῥοῦφος ἕτερος . . . . n.° 30 „ 5
8) Γαληνοῦ ἰατρὸς καὶ ὅροι. . . . . n.° XI „ 5
9) Παῦλος Αἰγεινήτης. . . . . n.° 18 „ 5
10) μαθηματικὰ Ἰσαὰκ μοναχοῦ, Θέωνος καὶ ἄλλα τινὰ ἀστρονομικά . . . . n.° 36 „ 21
11) βιβλόπουλον τοῦ Ἑρμογένους, χειρὶ Λ^σ (2). „ 21
12) ἕτερον βιβλόπουλον, χειρὶ Λ^σ . . . . „ 21
13) ἕτερον βιβλόπουλον. Ἀριστείδου Λευκτρικὸς n.° 55 „ 21
14) Ἰωάννου Τζέτζου περὶ μέτρων. . . . . . . n.° 4 „ 6
15) Στεφάνου περὶ πόλεων. . . . . n.° 29 „ 6
16) Πολυδεύκης. . . . . n.° 7 „ 6
17) Ὀππιανός. . . . . n.° 25 „ 8
18) Ἡσίοδος. παλαιός. . . . . n.° 27 „ 8.ª
19) γραμματικά τινα καὶ οἱ φιλιππικοὶ Δημοσθένους. . . . . n.° 27 „ 20
20) Διοδώρου Φίλιππος καὶ Ἀλέξανδρος. δ^ρ (3) παλαιόν. . . . . n.° 40 „ 21

(1) Au dessus de la ligne : N 35. Probablement c'est une correction : n.° 35 (au lieu de 34) de la caisse 20.

(2) χειρὶ Λασκάρεως.

(3) Je n'ai pu arriver à déterminer le mot qui se cache sous cette abréviation ; on le trouve sous une forme plus étendue : δευρα... νον. Ce doit être une désignation de format ou de matière (comme ἐν παπύρῳ, *in pergamena*).

21) Xenophontis Anauasis latina. lettera franzese (4). . . . . n.° 109 della 21

22) Μοσχοπούλου γραμματικά . . . . n.° 27 „ 8

23) πίναξ τῆς 'Οδυσσείας Εὐσταθίου. . . . . . „ 6.ª

24) τοῦ Γλυκέως περὶ συντάξεως. . . . . n.° 28 „ 6

25) 'Απολλωνίου περὶ συντάξεως. . . . . n.° 33 „ 6

26) Θεοδώρου γραμματικά. . . . . n.° 30 „ 6

27) Πλουτάρχου βίοι καὶ ἠθικά. παλαιὸν, δευρα...νον -το μεγου (?) . . . . n.° 36 „ 12

28) 'Αριστείδης. δευρα...νον. . . . . n.° 30 „ XI

29) Σουίδα τὰ πρῶτα στοιχεῖα . . . . n.° 18 „ 6

30) Αἰλιανοῦ, 'Ονοσάνδρου καὶ ἄλλων τακτικὰ καὶ μηχανικά. παλαιὸν, δρ . . . . . . n.° 15 „ 4

31) Μαυρικίου καὶ ἄλλων στρατηγικά. δρ παλαιὸν . . . . n.° 14 „ 4

32) Πτολεμαίου ἡ μεγάλη συντάξις. παλαιὸν, δευρα...νον. . . . . n.° 30 „ 4

33) Στράβωνος. δευρα...νος, ὡραῖος . . . . n.° 1 „ 4

34) Ἡλιοδώρου αἰθιοπικά. . . . . n.° 12 „ 9

35) Συριανοῦ εἰς τὰ μετὰ τὰ φυσικά . . . . . n.° 34 „ 2

36) Θεόκριτος. παλαιός . . . . „ 8

37) Πινδάρου πύθια. . . . . n.° 43 „ 8

38) ἐκλογὴ Σέξτου (?) περὶ ψυχῆς καὶ περὶ τοῦ ψυχικοῦ πνεύματος . . . . n.° 56 „ 2

39) Ξενοφῶντος ἀπομνημονεύματα καὶ ἄλλα τινὰ καὶ ἐκ τῶν Πολυβίου τινά. δευρα...νον. n.° 33 „ 9

(4) C'est très certainement la traduction faite par Lascaris sur l'exemplaire qu'il trouva dans la bibliothèque de Blois ; ce premier travail servit à la traduction française que Claude de Seyssel offrit à Louis XII, en lui racontant la part qu'y avait prise Lascaris. Voir Paulin Paris, *Les mss. françois de la bibl. du roi*, vol. V, p. 388, et Legrand, *Bibliogr. hellén.*, t. I, p. CLVIII. — Remarquons en passant que, malgré le témoignage formel du traducteur français, le texte grec de l'*Anabase* ne figure dans les catalogues de la bibliothèque de Blois ni en 1518, ni en 1544 (V. *Catal. des mss. grecs de la bibl. de François Ier* p. p. H. Omont, Paris, 1886). Le manuscrit est probablement resté entre les mains de Lascaris et pourrait être identifié avec notre n° *48*.

40) Διογένους (1) Λαερτίου βίοι φιλοσόφων . . n.° 15 della 9

41) Ξενοφῶντος ἀπομνημονεύματα. πάπυρος . n.° 32 „ 9

42) Θουκυδίδης . . . . n.° 6 „ 9

43) Ξενοφῶντος παιδεία καὶ ἀνάβασις. (2) δευρα...νον . . . . n.° 16 „ 9

44) ἀττικισμοὶ Φρυννίχου καὶ Θωμᾶ καὶ περὶ τροφῶν (?) δυνάμεων. . . . . n.° 24 „ 6

45) τοῦ Γεμιστοῦ περὶ τῶν διαφορῶν Πλάτωνος καὶ Ἀριστοτέλους καὶ ἄλλα τινὰ τοῦ αὐτοῦ. . . . . n.° 24 „ p.ª

46) περὶ θεοῦ φυσικαὶ ἀποδείξεις. . . . . n.° 60 „ p.ª

47) τὰ ἔπη Γρηγορίου τοῦ Θεολόγου . . . . . n.° 115 „ 19

48) Ἰωσήπου ἰουδαϊκῆς ἀρχαιολογίας . . . . . n.° p.° „ 9

49) Ἀσπασίου εἰς τὰ ἠθικὰ . . . . n.° 16 „ p.ª

50) Ἀριστοτέλους ἠθικὰ πρὸς Νικόμαχον. ὡραῖον γράμμα, ἐν παπύρῳ . . . . n.° 2 „ p.ª

51) Μαξίμου Τυρίου διαλέξεις. . . . . n.° 24 „ p.ª

52) Ἰάμβλιχος περὶ τῆς πυθαγορικῆς αἱρέσεως. ὡραῖον βιβλίον, ἐν παπύρῳ. . . . . . . n.° 7 „ p.ª

53) Πλουτάρχου ἠθικά . . . . n.° 28 „ p.ª

54) σχόλια τῶν ῥητορικῶν Ἀριστοτέλους· ἀνώνυμον . . . . n.° 27 „ p.ª

55) Ἀριστοτέλους περὶ ζώων ἱστορίας . . . . . n.° 4 „ p.ª

56) Ἀριστείδου Κουιντιλιανοῦ περὶ μουσικῆς . n.° X „ 4

57) Θέωνος εἰς τοὺς προχείρους κανόνας. . . . n.° 12 „ 4

58) περὶ τῆς ἱερᾶς τέχνης τῆς χυμ[ι]κῆς ἐκ διαφόρων. in pap.° lettera moderna . . . n.° 16 „ 4

59) Στωβαίου φυσικά. . . . . n.° 47 „ 2

60) Σιμπλίκιος εἰς τὸ ἐγχειρίδιον Ἐπικτήτου. n.° 43 „ 2

61) Πολυαινοῦ στρατηγήματα . . . . n.° 30 „ 9

62) Σέξτου Ἐμπειρικοῦ συγγράμματα . . . . . n.° 37 „ 2

63) Θουκυδίδης. in pap.° in foglio . . . . . . n.° 26 „ 9

64) Πλωτῖνος . . . . n.° 3 „ p.ª

65) Λιβανίου μελέται . . . . n.° 8 „ 10

(1) Le manuscrit porte Διογένης Λαερτί (sic, ainsi accentué).

(2) V. la note sur le n° *21*.

66) 'Αριστείδης. in pap.° in 4.° . . . . n.° 33 della 10
67) λεξικὸν τῶν ῥητόρων. . . . . n.° 9 „ 10
68) Λογγίνου περὶ ὕψους 10
69) 'Αριστοτέλους ῥητορικά. in pap.° in 4.° . n.° 7 „ 10
70) Αἰσχίνου λόγοι καὶ ἐξήγησίς τινων λόγων τοῦ 'Αριστείδου . . . . n.° p.° „ 10
71) Ἑρμογένης. in pap.° in 4.° . . . . n.° 36 „ 10
72) Συνεσίου λόγοι. . . . . n.° 5 „ 10
73) Βασιλείου λόγοι καὶ Λιβανίου μελέται καὶ τοῦ Δαμασκηνοῦ κεφάλαια. . . . . . . n.° 6 „ 10
74) Ἰουλιανοῦ συμπόσιον. in 4.° solut. . . . . n.° 47 „ 10
75) Σωπάτρου διαίρεσις ζητημάτων . . . . . . n.° XI „ 10
76) Πλανούδου μετάφρασις τῶν 'Οβιδίου μεταμορφώσεων . . . . n.° 5 „ 10
77) Πλουτάρχου περὶ δυσωπίας. . . . . n.° 24 „ 10
78) Διονυσίου 'Αλικαρν. περὶ τῆς Δημοσθένους καὶ Θουκυδίδου λέξεως . . . . n.° 25 „ 10
79) παροιμίαι καὶ σχόλια τῶν Δημοσθένους λόγων . . . . n.° 14 „ 10
80) Αἰλιανοῦ περὶ ζώων. in 4.° antico . . . . n.° 21 „ 9
81) διάφορα συγγραμμάτων διαφόρων καὶ ἱστορικὰ νεώτερα περὶ Τούρκων . . . . . . n.° 29 „ 9
82) Πλουτάρχου περὶ παίδων ἀγωγῆς, Ξενοφῶντος ἑλληνικὰ καὶ ἱστορία τοῦ 'Αλεξάνδρου . . . . n.° 30 „ 9
83) Λαονίκου Χαλκονδύλου ἱστορία Τούρκων. . n.° 13 „ 9
84) Εὐριπίδου τραγωδίαι τινές. in 4.° . . . . . n.° XI „ 7
85) Σοφοκλέους καὶ Αἰσχύλου τραγωδίαι . . . n.° 10 „ 7
86) 'Ιουλιανοῦ ἀντιοχικός. . . . . n.° 53 „ 10
87) ἄλλο τμῆμα τῶν Εὐριπίδου τραγωδιῶν. in ottauo . . . . n.° 23 „ 8.ª
88) τὰ παλαιὰ ἐπιγράμματα. χειρὶ Λ.σ . . . . n.° 24 „ 8.ª
89) Αἰσχίνου λόγοι. in foglio . . . . n.° 37 „ 10
90) 'Ισοκράτους καὶ Αἰσχίνου λόγοι . . . . . . n.° 2 „ 10
91) Εὐριπίδης σὺν σχολίοις. παλαιὸς, in pergamena in foglio. . . . . n.° p.° „ 10

92) Λουκιανοῦ διάλογος· παλαιόν. in pap.° in foglio . . . . n.° 22 della X

93) Πλάτωνος διάλογοι τινὲς καὶ αἱ πολιτεῖαι. in pergamena in foglio grande. . . . n.° p.° „ prima

94) σχόλια εἰς τὴν Ὀδύσσειαν. . . . . n.° 37 „ 8.ª

95) Ἀριστοτέλους ὄργανον σὺν ἐξηγήσεσι τοῦ Μαγεντηνοῦ. in foglio grande, libro antico . . . . n.° 97 „ 8.ª

96) Θεοδώρου τοῦ Γραπτοῦ εἰκονομάχων. in perg.ª in foglio grande . . . . n.° 109 „ 19

97) Αἰλιανοῦ καὶ Λέοντος τακτικά. . . . . . . n.° 20 „ 4

98) σχόλια Σοφοκλέους . . . . n.° 39 „ 8

99) Πρόκλου ὑπόμνημα εἰς τὰ ἔργα Ἡσιόδου . n.° 31 „ 8.ª

100) Στοβαίου ἠθικά. in foglio. . . . . n.° 84 „ 3.ª

101) Ἥρωνος πνευματικά . . . . n.° XI „ 4

102) Ἀρριανοῦ περὶ τῶν Ἐπικτήτου διατριβῶν καὶ Ἱεροκλέους εἰς τὰ χρυσᾶ ἔπη . . . n.° 119 „ 3.ª

103) Θουκυδίδης καὶ Πρόκλου στοιχείωσις θεολογικὴ καὶ Πλουτάρχου περὶ τῶν ἀρεσκόντων φιλοσόφοις . . . . n.° 22 „ 9

104) Ἀρριανοῦ ἱστορία καὶ Πτολεμαίου γεωγραφικὰ περὶ τριῶν ἠπείρων. . . . . n.° 20 „ 9

105) Ἀριστοτέλους περὶ ψυχῆς. in perg.ª . . . n.° 57 „ 2.ª

106) Εὐστράτιος εἰς τὰ ἠθικά. . . . . n.° 41 „ 2

107) Παυσανίου περιήγησις . . . . n.° 5 „ 9

108) Ἀριστοτέλους μετέωρα περὶ ψυχῆς καὶ τινὰ τῶν μικρῶν φυσικῶν . . . . n.° 71 „ 3

109) σχόλια εἰς τὰ πρότερα ἀναλυτικά. . . . . n.° 87 „ 3

110) Πρόκλου θεολογικὴ στοιχείωσις καὶ ἀντίρρησις Ἰωάννου τοῦ φιλοπόνου . . . . . n.° 7 „ 3

111) Θεοδώρου περὶ μηνῶν . . . . n.° 73 „ 3

112) Ἀριστοτέλους ἠθικά. in 4.° in papiro . . n.° 83 „ 3

113 Συριανοῦ καὶ ἄλλων τεχνογράφων εἰς τὰ Ἑρμογένους ῥητορικά. m. s. in perg.ª in foglio. . . . . n.° 3 „ X.ª

114) Ἑρμογένους ῥητορικὰ σὺν ἐξηγήσεσι καὶ ἄλ-

λα διάφορα συντάγματα διαφόρων ῥητόρων. in pap.° in foglio . . . . n.° 32 della 10

115) ἐπιστολαὶ νεωτέρων. un quaderno. . . . . n.° 49 „ 10

116) Πολυβίου ἱστοριῶν βιβλία πέντε. . . . . . n.° 23 „ 9.ª

117) Χριστοδούλου ἱστορία τῶν ἐπὶ Ἰωάννου τοῦ Καντακουζηνοῦ. libro grande in pap.° n.° 14 „ 9.ª

118) Polybii opusculum de castrametatione Romanorum. Lascare interprete (1). . . n.° 18 „ 22

Libri del S.r Lascheri che son fuora.

119) el primo uolume di Eustathio sopra la Iliada d'Homero m. s. iu pap. lettera brutta. . . . . n.° 19 „ 7.ª

120) el secondo uolume della Iliada di Eustathio scritto per man del Rosseto. . . n.° 20 „ 7.ª

121) la Odyssea di Eustathio, lettera antica . n.° 21 „ 7.ª

122) la Iliada d'Homero con glosse, lettera antica.

123) Eustathio sopra Dionysio de situ orbis.

124) Γαληνοῦ θεραπευτικά.

125) ἐπιτομὴ τῶν Στοβαίου ἠθικῶν.

126) ἱππιατρικὸν in uolgar italiano.

127) Προκοπίου ἱστορίαι. περσικὰ καὶ γοτθικά.

128) Γαληνοῦ ἀνατομικῶν ἐγχειρήσεων καὶ πρὸ τούτων Ἀριστοτέλους τῶν μετὰ τὰ φυσικὰ τὸ πρῶτον καὶ τὸ δεύτερον.

(1) Si je m'interdis les identifications dans le fonds grec de la Bibliothèque Nationale, je dois du moins signaler que le volume ici marqué s'y trouve dans le fonds latin sous le n° 6124 (32 ff. parch.). Il porte une révision autographe de Lascaris, et, sur la garde, la cote: *della XII cassa — n° xvij* (l'inventaire donne *18*). Ce ms. ne paraît pas venu avec ceux du cardinal Ridolfi; il a l'ex-libris: *Dominus Io. Telerus archidiaconus Hoching . . . ?*

II.

Inventaire écrit par Lascaris.

In capsa alba signata A. Libri Graeci.

1) Eustathius super Iliadam m. s. in pergameno, ligato.
2) Eustathius super Odisseam m. s. in perg.° lig.
3) Paulus Aegenita m. s. in perg.° lig.
4) Paulus Aegenita m. s. in pap.° lig.
5) Georgii Pachimeri opera m. s. in pap.° lig.
6) Photii uocabularium m. s. in perg.° lig.
7) Porphyrij introductio et Ammonii scholia in X praedicamenta. m. s. in pap.° lig.
8) Ioannes grammaticus in libros de anima m. s. in pap.° lig.
9) Oribasius. m. s. in pap.° lig.
10) Aristotelis metaphisica m. s. in pap.° lig.
11) Ioannis Alexandraei expositio in primum posteriorum Aristotelis m. s. in pap.°
12) Georgij Crisogogae in sintaxin Persarum m. s. in pap.° lig.
13) Aristotelis phisica problemata m. s. in pap.° lig.
14) Diodorus Siculus m. s. in pap.° lig.
15) Porphirij prolegomena et Alcinoi doctrina de dogmatis Platonis m. s. in pap.° lig.
16) Orphei, Hesiodi et Luciani quaedam m. s. in pap.° lig. insimul.
17) Hesiodi et Homeri quaedam m. s. in pap.° lig.
18) Alexander Aphrodiseus super metaphisicam Aristotelis m. s. in pap.° lig.
19) Hesiodi quedam m. s. in pap.°
20) Licophronis opera cum Quinto m. s. in pap.° lig.
21) liber quidam arabicus. m. s. in pap.°
22) Themistij paraphrasis in libros phisicorum m. s. in pap.° solutus.
23) Aretei Capadoccis de morbis acutis et eorum curatione m. s. in pap.° solutus.

24) opuscula tractantia de confectione unguentorum et de lapidibus m. s. in pap.° solutus.
25) Platonis quedam ut Timaeus et alia m. s. in pap.° lig.
26) Aristotelis de resolutionibus opusculum m. s. in pap.° lig.
Theodori grammatica impressus lig.
27) Theodori grammatica m. s. in pap.° lig.
Xenophon et Herodianus impress. lig.
Theodorus alter impress. solutus.
28) Alexandri Aphrodisiensis problemata medicinalia et naturalia m. s. in pap.°
29) Pithagorae aurea carmina et alia m. s. in pap.° lig. . . .

In capsa alba signata . B . Libri Graeci.

30) Proclus in Platonem m. s. in pap.° solutus.
31) Euclides m. s. in pap.° solutus.
32) Eustratius et Aspasius m. s. in pap.° solutus.
33) Eustratius et Aspasius alter similis.
34) Almagesta Ptolemaei m. s. in pap.° solut.
35) Aristotelis Rhetorica m. s. in pap° solut.
36) Dionis historiae m. s. in pap.° solut.
37) de spiritu' Hyronis uel de aqua haurienda m. s. in pap.° solut.
38) in librum de anima sine nomine m. s. in pap.° solut.
39) expositio in secundum librum posteriorum sine nomine m. s. solut.
40) Themistij paraphrasis in libros de anima m. s. in pap.° solut.
41) liber de cura accipitrum et canum m. s. imperfectus solut.
42) Siriani dubitationes quedam in libros metaphisicae m. s. in pap.° solutus.
43) Michaelis Ephesii scolia in libros de partibus animalium m. s. in pap.° solut.
44) Hippocratis opera m. s. in pap.° lig.
45) Aristotelis X praedicamenta interprete Ioanne grammatico m. s. in pap.° lig.
46) ethica et magna moralia Aristotelis m. s. in perg.° ligatus.
47) Theophrastus et Aristoteles de plantis m. s. in pap.° ligatus
48) Euclides m. s. in perg.° ligatus.

49) Homerus m. s. in pap.° ligatus.
50) Arrianus de gestis Alexandri m. s. in pap.° ligatus.
51) Ammonij scolia super metaphisicam m. s. in perg.° ligatus.
52) Lucianus m. s. in pap.° ligat.
53) Isocrates m. s. in pap.° ligat.
54) Dioscorides m. s. in pap.° ligat.
55) Aristotelis elenchi analitica liber m. s. mancus in pap.° ligatus.
56) liber de metris et prouerbiis m. s. in pap.° lig.
57) Euripidis quaedam m. s. in pap.° lig.
58) apologia Gregorii hieromonachi in epistolam Ephesi ex diuersis sanctis m. s. in pap.° lig.
59) un libreto che scrisse il Graecheto in quarto foglio, che pareno concioni de Thucidide.

In capsa signata . C . Libri Graeci.

60) orationes seu sermones ecclesiastici sancti Gregorij Nazanceni m. s. in perg.° lig.
61) euangelistarium graecum m. s. in perg.° lig. tab.
Lucianus in carta bona impress. lig.
Lucianus alter similis ligato. al graeco.
Theophrastus et alii impress. in carta bona lig.
Aristotelis phisica et alia impress. in perg.° lig.
Aristoteles de animalibus in carta bona impress. lig.
Isocrates et Moscopulus et Demetrius in pap.° impress.
Plato in carta bambagea impress. lig.
Plutarchi uitae impress. in pap.° lig.
Xenophon impress. in pap.° lig.
Aphtonius et alii impress.° in pap.° lig.
Sophocles cum commento impress. lig. donato al Doria.
psalterium impress. lig. m. S° (?) p.°
Gregorij Nazanceni carmina cum translationibus Aldi impress. lig.
Oppianus de piscibus, solutus, et Agapetus de officio regis et alia, solutus, impressus.

Euripides impress. Euripides alter similis Aristophanes Artemidorus Homeri Odissea Homeri Odissea altera Sophocles Theocritus impress. Magister Thomas de Attico eloquio officium Virginis	impressi in paruo uol.

Ioannes Grammaticus in posteriora resolutoria Aristotelis, solutus.

Demosthenes et Libanius impress. solutus.

Ammonius et Magentinus in librum peri hermenias, solutus et mancus.

In capsa alba signata . D . Libri Latini.

62) commentum super Auicenam m. s. in perg.° lig.
63) expositio in Auicenam de Anatomia m. s. in pap.° lig.
64) quaestiones in libros regni Galeni m. s. in pap.° lig.
65) conciliator discordiarum medicinalium m. s. in perg.° lig.
66) Rasis. m. s. in pap.° lig.
67) opus Astronomicum Io. Blanchini cum tabulis eiusdem m. s. in pap.° lig.
68) colliget Auerrois et problemata Aristotelis m. s. in perg.° lig.
69) Laurentius Vallensis m. s. in perg.° lig.
70) antidotarium uetus m. s. in perg.° lig.

Alphonsi regis tabulae et astrolabius planus impress. lig.

liber prouerbiorum Erasmi impress.

Aristoteles de natura animalium et Theophrastus et alii impress. lig.

71) opus de coniunctione et oppositione lunarum et de ponderibus et alia impressa et m. s. solutus.

Vegetius de re militari impress. lig.

Quintilianus impress. lig.

Themistij paraphrasis et in posteriora Aristotelis et alia impress. lig.

declaratio super libris rhetoricorum Aristotelis impress. lig.
liber de bello Rhodio impress. lig.
Io. Antonius Pandosius impresso e lig.

Summa Angelica impress.
Iustinus et Florus
Luciani Toxaris siue de amicitia
Ouidij epistole et de arte amandi solutus
Vitruuius
Asconius Pedianus
Lucretius
Ouidii Metamorphosis
Liuii quarta decas
Salustius
6. uolumi di Cicerone coperti di bertino
4. uolumi di Cicerone coperti di turchino dorati
un Petrarcha de messer Stephano
un paro de epistole familiari coperte di perg.°
tre volumi de Epigrammi Graeci sciolti in quarto foglio.

} in uolume picolo (1)

In capsa seu forzerio pili nigri. Libri Latini.

72) Ptolemei almagesta m. s. in pap.° solutus ligatus.
73) Merescalchia aequorum m. s. in pap.° lig.
74) opera Vitellionis m. s. in pap.° solutus.
75) Marcelli liber in quo multi sunt tractatus m. s. in pap.° lig.
76) Seruius in Virgilium m. s. in perg.° ligatus.
77) Porphirius in carmina Horatij m. s. in perg.° lig.
78) epistole familiares Tullii m. s. in perg.° lig.
79) liber m. s. in perg.° ubi sunt Euclidis quaedam et geomantiae et alia lig.
80) Macrobij Saturnalia, Ciceronis somnium Scipionis in perg.° lig.

(1) Les volumes réunis sous cette accolade paraissent être des imprimés; je ne les fais pas entrer dans ma numérotation des manuscrits. Le mot *impressus* n'est pas toujours marqué, par exemple pour le dernier volume du coffre C qui est certainement l'Aldine de 1403.

81) liber de chirurgia equorum m. s. in perg.° lig. et alia quedam.
82) Georgii Paramensis [*sic*] VII^us liber canonicarum institutionum m. s. in pap.° lig. reso à messer Vespasiano da Spoleti.
83) Antonii de Monte Ulmo de ocultis et manifestis et alia multa m. s. in pap.° lig.
84) Georgii Parmensis opusculum imperfectum m. s. in pap.° solutus.
85) Horatius m. s. in perg.° ligatus.
86) Ptolemaeus de corporum celestium motu m.s. in pap.° solutus.
87) Alberti magni liber in quo sunt plura m. s. in perg.° lig.
88) Hermogenis proexercitamenta [προγυμνάσματα] traducta ab Antonio Bonfine m. s. in pap.° solutus.
89) Alphonsi regis tabule m. s. in perg.° lig.
90) Baptistae de Albertis liber qui nomus [Momus] dicitur m. s. in pap.°
91) exp.° moralium Aristotelis ad Nicomaccum et alia m. s. in pap.°
92) liber geometricus m. s. in perg.°
93) Antonii Guainerii de febribus et uenenis m. s. in pap.°
94) liber coraustus uocatus m. s. in perg.° lig.
95) tabula quedam ad situm Ferrariae m. s. in pap.° lig.
96) Horatius et Salustius m. s. in pap.° lig.
97) Franchini musica m. s. in pap.° lig.
98) multa fragmenta m. s. per Nicolaum cardinalem et alios solutus.
99) oratio episcopi Gurgensis ad Clementem VII m. s. in pap.° lig.
100) Moscouiae descriptio m. s. in pap.°
101) epitoma Ptolemaei Bessarioni dicatum m. s. in pap.° lig.
102) Biblia m. s. in perg.°
103) liber tabularum m. s. tectus corio rubeo.
104) liber tabularum cum alio opusculo m. s. in pap.° lig.
105) liber uiatici a Constantino in latinum translatus m. s. in perg.° lig.
106) liber in quo sunt quedam Terentii m. s. ab Hippolito, lig.
107) liber ubi sunt plura m. s. ab Antonio, solutus.
108) Thucidides latinus cum glosis Lascaris, à messer Braccio.
omnes inueniuntur.

III.

Lettres inédites de Jean Lascaris.

A Giovanni Ruccellai.

L'intérêt historique de cette lettre ne saurait échapper. Léon X vient de conclure son alliance contre la France avec Charles-Quint (8 mai 1521). Lascaris, tout dévoué aux intérêts français qu'il a représentés comme ambassadeur, écrit à son ami Ruccellai, encore nonce du pape auprès de François Ier. Sans nommer Léon X, il déplore amèrement sa versatilité; il le blâme de vouloir chasser de l'Italie les seuls défenseurs qui lui restent, au moment où ses ennemis naturels sont à ses portes. Bien que Ruccellai fût le cousin germain du pape, on voit qu'il avait tout fait pour le détourner de ses projets et qu'il partageait les sentiments de Lascaris. Leurs prévisions patriotiques devaient être justifiées, six ans plus tard, au sac de Rome par les Impériaux.

Al molto R.^{do} Messer Johanni Rucellai
[nu]ncio de N. S. appresso a la [Christianissi]ma Maiestà (1).

Monsignor mio, salutem et comm. Ho receputa quella de li vinti del passato de V. S. per la quale me significa la sua mal contentezza de la nova et inopinata mutatione et declaratione. Veramente ho havuto io anchora tanto despiacere, quanto dir si possa, non solo per lo interesso de V. S. et mio, ma etiam de chi lha fatta, che continuamente si salti da un errore al altro,

(1) Rome (Vaticane, *Vat. lat. 9064*, f. 114. Original; la dernière ligne est autographe; le reste est d'un secrétaire. — Dans le même ms., f. 323) est une lettre autographe de Giov. Giorgio Trissino, fort intéressante, où il est question de Lascaris : elle est datée de Venise, 24 octobre 1522, et adressée : *al R/^{do} Prothonario messer Giovanni Rucellai mio come fratello honorando. In Fiorenza.* On sait que Ruccellai († 1525) et Trissino sont les restaurateurs de la tragédie classique en Italie.

et non si pensi ad honestà ne ad debito ne ad male che possi intravenire. In oltre si potente et crudel et natural inimico e ad li confini de Italia, se pol dire, et cercrsi di cazare de Italia quello che o nullo o solo la potria defendere.

Io non scio che mi dire che vaglia, perho meglio e che taccia. V. S. che poe fare? se non assetarse al men male che sia possibile ad tollerare simil indignità. Credo hormai da che lei e costi sia cognosciuto lo animo suo netto et sincero et desideroso de ogni bene. Se li mali daemoni hanno piu credito appresso Sua Santità, che colpa e de V. S.?

Ion son qui in perplexità et spesa, pure faro, al men male che possi. Quanto e di bene son quasi libero de la gotta o almeno senza dolor noyoso.

De le cose de Vngaria si parla variamente (1). Io pensando quanta potentia vinta et con che apparati e intrata nel paese, et quanti desavantagi ivi sono, non posso che iudicar male; ad Dio piacque sia altramente, ma non scio perche li dega piacere.

El R^do Monsignor de Bayosa (2) e gran tempo che per sua gratia me ama, non e maraveglia se volentieri se ha affaticato per me, ma sapia che son tanto suo quanto de vostra signoria. Messer Galeazo e qui, credo serra portatore de la presente. Altro non me occorre. Ho scripto qualche cosa al Gran Maestro (3) de V. S. parendomi fare el mio debito ad quel che se richiede al amor nostro; boni consule, et scriveteme poi accorgendovene. Del amico del pater noster mi dole che vi sia levata la occasione, pure grata superveniet et cet. o venera presto qui, o havero novella di lui et faro la ambassata. Al R^do Monsignor de Bayosa piacqui ad V. S. molto raccommandarmi. Bene et feliciter valeas. In Venetia, a di otto de Agosto 1521.

Tuus aeque atque suus Ianus Lascaris.

(1) L'invasion de la Hongrie par les Turcs; la prise de Belgrade par Soliman II est du 20 août 1521.

(2) Lodovico da Canossa, le célèbre évêque de Bayeux.

(3) Anne de Montmorency, alors maréchal de France et grand-maître de la maison du roi.

A Anne de Montmorency.

Cette lettre atteste la présence de Lascaris à Paris à la fin de juin 1529 ; il se disposait à aller se fixer à Rome, et demandait, outre des fonds pour son voyage, qu'on lui conservât une pension viagère qu'il touchait pour ses longs services. Le porteur était son propre fils Angelo, qu'il voulait faire entrer au service de François Ier (1).

A Monsigneur Monsieur le grand maistre (2).

Mons.[or] Illmo poi la debita comendacione. Scrissi a questi giorni a Vostra Excellentia come haveva dimandato di gratia alla M.[ta] del Re che acceptasse el mio figliolo a suo servitio con qualche honesta condicione et che li piacesse, essendomi necessario andare a Roma, farme provedere del viatico, ove trovandome li potria servire meglio che in altra parte, concedendomi la provissione che mi da qui a mia vita per remuneratione deli meii servitij de tanti anni ; et a questo pregava V. Excellentia li piacesse favorire et adiutarme a consequire el mio desiderio. El medesimo prego per la presente dela quale sera exhibitore el predicto mio figliolo, el quale supplico, Monsignor, vi sia raccomandato, lassandolo a protectione di V. Excellentia, se le acceptato come spero. Prego Idio, Monsignor, vi conceda bona vita longa. In Paris, a di XXV Zugno M.DXXVIIIJ.

Di V. Ex.[tia]

Humile affine et seruitore
Iano Lascarj.

(1) Il est probable que la requête fut accueillie. On ne savait encore rien sur Angelo Lascaris, si ce n'est qu'il devait être à Paris en 1527, puisque c'est à lui que Jacques Tusan dédie l'édition des épigrammes de son père (réimprimées également à Paris en 1544) ; cf. Legrand, *Bibliogr. hellén.*, t. I, p. 264.

(2) Paris, Bibl. nat., *Fonds Fr. 6635* f. 251. Les deux dernières lignes seulement sont autographes.

A Angelo Colocci.

Les billets qui suivent appartiennent à la fin de la vie de Lascaris, alors à Rome. Le premier fait connaître, avec la note de prêt citée plus haut, les relations intimes du vieil érudit avec le cardinal Ridolfi ; les deux autres établissent que Colocci, pourtant bon humaniste et bibliophile célèbre, ne savait pas un mot de grec.

℞/do messer Angelo (1), à Monsignor lo Car.le Ridolphj ho parlato, rispose mi che lui non haveva richiesto el vescovo, ma quello se offeri. Ma tacendovj dispiacere se lo accepta, anchora che facesse per luj non e per fare cosa alcuna che vi fosse indispiacere. El medesimo mi disse havere resposto ad altri che hano parlato per voi.

Lascaris tuus aeque atque suus.

Colocci a reçu une lettre de Varini, son prédécesseur à l'évêché de Nocera, datée *da Nocera, die 8 septembris 1532* (2). Il y exprime le désir de voir revenir entre eux la confiance et l'amitié qu'ils avaient eues précédemment. La signature est suivie de quelques mots grecs que Colocci paraît avoir envoyés à Lascaris pour en avoir son avis. Lascaris a écrit au-dessous sa réponse d'une écriture de vieillard très tremblée:

... Uti frater Var. episcopus Nuc.

Καὶ ταῦτα μὲν δὴ ταῦτα, τῷ δε λοξίᾳ μέμψιν μέμφομαι ταύτην· καὶ σὺ φίλτατε ἔῤῥωσο.

℞/mo Domine mi, le presente parole grece sono consentanee alla letera volgare di sopra.

Cliens Lascaris.

(1) Sans suscription; autographe. *Vat. lat. 4104*, f. 70.
(2) *Vat. lat. 4105*, f. 172. Cf. la copie du f. 198 et la lettre du f. 174.

Voici deux questions posées par Colocci à Lascaris; celui-ci y répond sur le même billet (1).

Domine Lascaris, ego libenter scirem si Eunapius est grecus et si impressus.

E u n a p i u s g r a e c u s e s t s e d n o n i m p r e s s u s.

Ad hec si Clytemnestra vel chorus lamentatur et dicunt: melius est nunquam peperisse filios vel steriles esse et similia, quam satius sit non habere sobolem etc.

C h o r u s p e n u l t i m u s i n M e d e a E u r i p i d i s.

Tuus A. Colotius.

Lazare de Baïf à Jean Lascaris.

Cette lettre datée de Lyon, du 28 novembre, est de l'année 1525. Baïf dit en effet qu'il se trouve auprès du cardinal [de Lorraine] et que depuis longtemps on est chaque jour sur le point de partir pour l'Espagne rejoindre le Roi prisonnier. Nous voyons que Lascaris est lui-même en Espagne à cette date; il y remplit sans doute la mission que le pape lui a confiée auprès de Charles-

(1) Vaticane, *Reg. 2023*, f. 115. — Dans le *Vat. lat. 3351*, qui contient beaucoup de vers curieux de Colocci et de ses amis sur les événements du temps, j'ai relevé au f. 148 un distique de Lascaris, et au f. 181 v° une épigramme contre un courtisan qui avait blâmé la munificence de Léon X pour Lascaris.

Voici ces vers:

f. 148: Lascaris

Heic Carolum Titan ne se properantius orbem
ambiret victor condidit ante diem.

f. 181 v°: Malum consilium consultori pessimum.

Prodigus es male suasor ait Leo: frater et idem es:
quom de donato Lascare sermo foret.
Haec dixere ambo Deus et Germanus in aurem;
Effugiet cupidas quod damus omne manus.

(En marge: Virgil. nemo indonatus abibit).

Quint, pour l'exhorter à la clémence envers François Ier et à la guerre contre les Turcs. Baïf s'excuse d'avoir tardé à lui écrire et d'avoir attendu pour le faire le dernier moment du départ du seigneur de Langey. Le futur ambassadeur à Venise raconte que le cardinal de Lorraine vient de l'attacher à sa maison avec une bonne pension annuelle et du loisir, qu'il consacre au grec et aux livres. Cet honneur inattendu lui est d'autant plus agréable que, pendant les trois dernières années, „ il n'est pas devenu plus plus riche d'une drachme : tel est, à ce qu'il paraît, l'état de fortune auquel sont voués non seulement les Grecs et la Grèce, mais tous ceux qui aiment et étudient les lettres grecques „. Nous apprenons en même temps par cette lettre que c'est à Lascaris que Baïf doit son éducation littéraire; il l'appelle „ son père, „ celui qui lui a donné une vie plus précieuse que la vie du corps, qui l'a sauvé de la barbarie et de l'ignorance. Mais il a raison de demander encore pour son style l'indulgence du maître, car les barbarismes, les termes impropres, les incorrections de tout genre y foisonnent. Il a paru intéressant de les conserver dans le texte pour montrer le grec qu'écrivait un contemporain et un compatriote de Budé.

A Monseigneur Mons.r Lascaris (1).

Λάζαρος Βαΰφιος Λασκάρει τῷ πατρὶ εὖ πράττειν.

Πατέρα δή σε χρηστὸν οὐκ ἀπὸ τρόπου, ὥς γ' ἐμοὶ δοκεῖ, προσαγορεύω, τιμιωτέραν οὐκ ἔχων προσηγορίαν, ἐπεὶ τῆς γε τοῦ τεκόν-

(1) *Vat. lat. 4103*, ff. 89-90. On voit dans cette lettre toutes les marques de la précipitation dont parle l'auteur, des hésitations, des ratures, des surcharges. Elle n'offre aucune ponctuation. Pour la rendre lisible, j'ai ajouté la ponctuation et les ι souscrits, corrigé quelques lapsus évidents, rectifié ou complété l'accentuation.

τος χάριτος μείζων ἡ παρὰ σοῦ χάρις ὑπάρχει· ἐγενήθην γὰρ ὑπ' ἐκείνου μόνον, ὑσώθην δὲ ὑπὸ σοῦ, ἐσώθην δὲ ὅσον ἐπὶ σοὶ ἐγένετο πάνυ φιλοστόργως, ἐξελλη(νι)σθείς, σοῦ μάλιστα σπουδάζοντος, ὁ πρὶν ἐγὼ παντάπασιν ἐκβεβαρβαρωμένος καὶ δὴ καὶ ἀπαιδευσίᾳ διαλελωβημένος· καὶ μέντοι καὶ σφόδρα δέδια μὴ τάχα που σοὶ δοκῶ ἀχάριστός τις εἶναι καὶ βάρβαρος, οὐχ ὅτι τὴν φωνὴν ἀλλὰ καὶ τὴν διάνοιαν, ἐξ ὧν μὴ ἔφθην πρὸς σέ ποτε ἐπιστέλλων, καὶ τοῖς γε γράμμασι δηλώσας καὶ ὁμολογῶν ἣν ὀφείλω σοι χάριν. Τοιγαροῦν ἐμπεσὼν αὐτὸς εἰς αἰτίαν ἄφυκτον παραιτοῦμαι τὴν ἐπὶ τοῖς ἡμαρτημένοις ὀργὴν καὶ δέομαί σου ὑφεῖσθαι αὐτῆς. Πρέπει γάρ σοι τὴν ἄλλην ἅπασαν ἀρετὴν ἐξαίρετόν τε καὶ ἀσύγκριτον ἔχοντι καὶ πρὸς ὀργὴν κρείττονι φανῆναι ἠγνωμονηκότος ἐμοῦ, καὶ τὰς ἡμετέρας ἁμαρτίας πατρικῶς ὑπομένειν, ἄλλως τε καὶ πάνυ εὐήθως καὶ ἀκάκως ὁμολογοῦντος καὶ ἐπὶ τοῦτο συγγνώμην αἰτοῦντος, καίτοι παρὸν εὐπρεπεῖ χρῆσθαι δικαιολογίᾳ, τοῦτο μὲν ὅτι ἀῤῥωστίᾳ χρησάμενος, καὶ νὴ Δία ἀτυχίᾳ τῇ συντόνῳ, οὐκ ἠδυνάμην ἐν τῷ πρὶν χρόνῳ πολλοῦ τινος ἄξιόν τι πρός σε περί γ' ἐμοῦ ἐπιστέλλειν, τοῦτο δὲ ὅτι καὶ πάνυ βουλόμενος οὐκ εὐπόρησα λόγων ἐκ τοῦ παραυτίκα πρὸς ὑμᾶς ἀποπλεύσαντος τοῦ Λαγγηίου (1), ὥστε συγγράψαι ἐπιστολὴν τὴν Ἑλλάδα γε φωνὴν προιεμένην· τοῦτο δὲ ὅτι ἀεὶ ἦμεν ἡμεῖς οἱ περὶ τὸν Καρδινάλιν ἐν προσδοκίᾳ τοῦ ἀπᾶραι ἐπὶ τὴν Ἰβηρίαν πρὸς ὑμᾶς καὶ τὸν παρειλημμένον βασιλέα· ὥστε ἀεὶ εἰς τὴν ὑστεραίαν ἀναβαλόμενος, ὡς ἔοικε, τοῦ παντὸς ἐξήμαρτον. Ἔτι δὲ πρὸς τούτοις· ἡμῖν δήπου παρὰ πάντα τὸν χρόνον ἐφιεμένοις ἀφορμῆς οὐχ ὑπῆρξε τυχεῖν, πλὴν ἐν τῇ τήμερον ἡμέρᾳ· Λαγγήϊος γὰρ μιμνήσκων ὧν αὐτῷ ἀπιόντι ἀπερισκέπτως ἠπείλησα τοῖς ἀγγελιαφόροις δὴ δώσειν τινὰ πρός σε ἐπιστολήν, καὶ ταύτην ἐπιδοθησομένην σοι ὑπ' ἐκείνου, ἅτε δὴ αὐτῷ συστατικὴν ἐσομένην, νῦν μεγάλας ζημίας ἀπειλῶν κατὰ τοῦ ὑπερημέρου μου καὶ οὐχ ὑπακούσαντος, ψευδολογίας καταδίκῃ περιέβαλεν ἡμᾶς· ὥστε, ὁρῶν ἀπαραίτητον ἐπικειμένην ἀνάγκην, ἔγνων ἐγώ, οὐδ' ἡντινοῦν ἀναβολὴν ποιησάμενος, διὰ τῶν ἐπιτυχόντων ὀνομάτων ἀπαγγεῖλαί σοι τὰ περὶ ἡμῶν ὅπως ἔχει, ὧν δὴ διήγησις, εἰ μήτι σοι χαλεπὸν ἀκοῦσαι, τοιαύτη τίς ἐστι· Καρδινάλις ὁ Λοθαρίνγιος, ἀνὴρ κάλλιστος καὶ μέγιστος, ἔτι δὲ παρ' ὀντινοῦν ἐμμελὴς ὢν τοῖς αὐλικοῖς ὁμιλῆσαι καὶ ἐν τοῖς πάνυ θεραπευτικός, οἰκου-

(1) Guillaume du Bellay, seigneur de Langey, l'auteur des *Mémoires*.

ροῦντας ἡμᾶς οὐ πάνυ προσδεχομένους τοιοῦτόν τι μετεπέμψατο, σύνταξιν ἐνιαύσιον τελέσας ἡμῖν οὐκ εὐκαταφρόνητον, οὕτω δὴ φέρων τῇ αὐλικῇ περιεργίᾳ ἐμαυτὸν προσένειμον. Διὸ δὴ τὸ νῦν εἶναι ἐν τῇ τοῦ Καρδινάλεως θεραπείᾳ διάγων, τῆς ἡμέρας ὅσα μὴ αὐτῷ σύνειμι περὶ λόγους Ἑλληνικοὺς καὶ βιβλία διατρίβω. Ἴσθι μέντοι ἡμᾶς ἐν τῇ τριετίᾳ ταύτῃ μηδὲ δραχμῇ μιᾷ γεγονότας εὐπορωτέρους· τοιαύτῃ δὴ καὶ τοσαύτῃ δυστυχίᾳ, ὡς ἔοικεν, χρῶνται οὐχ ὅτι οἱ Ἕλληνες, καὶ δὴ καὶ τλημονεστάτη ἡ Ἑλλὰς αὐτὴ, ἀλλὰ καὶ πάντες ὁμοῦ τι τῶν Ἑλληνικῶν λόγων ἐρασταὶ καὶ περὶ τούτους ἐσπουδακότες. Ἔρρωσο καὶ εὐτύχει πάτερ. Ἐν τῷ Λουγδούνῳ νοβεμβρίου τρίτῃ φθίνοντος.

Je suis heureux d'annoncer que les découvertes sur Jean Lascaris ne sont pas près d'être terminées. On lira prochainement une série de quatorze lettres grecques, latines et italiennes, dont les minutes ont été retrouvées; le nom des destinataires en indique suffisamment l'intérêt: ce sont le pape Alexandre VI, Arsène Apostolios, archevêque de Monembasie, Giasone Maino, Angelo Lascaris, etc.; plusieurs de ces documents intéressent la France. Enfin une longue lettre du grand helléniste, écrite à Blois le 24 décembre 1501, trouvera place dans mon recueil en préparation des *Correspondants d'Alde Manuce.*

www.ingramcontent.com/pod-product-compliance
Ingram Content Group UK Ltd.
Pitfield, Milton Keynes, MK11 3LW, UK
UKHW020227200726
13856UKWH00004B/1638